LES

JUIFS RESTAURÉS

ET LA

QUESTION D'ORIENT

PAR

CLÉMENT LASSALLE

J'ai dédié la pensée contenue dans ce livre
à M. le baron Alphonse de Rothschild.

POITIERS
IMPRIMERIE TOLMER ET Cie
RUE DE LA PRÉFECTURE.

1883

PROLÉGOMÈNES

Mai 1882.

Étant donnés l'époque troublée où nous vivons, la nature de l'idée que je traite — et mes sentiments personnels, — je ne saurais mieux faire que de placer au frontispice de mon livre une énergique protestation contre les agissements, — tout d'arbitraire, — de nos gouvernants actuels, et de répudier absolument la croyance où pourraient être ceux qui me liront que j'ai voulu m'associer à la haine bestiale, furieuse, opiniâtre, niaise, inique, ridicule, — mais obligatoire, — ils le croient — pour garder leurs bonnes places, que ces nouveaux venus, — ces intrus — dans la sphère gouvernementale d'un grand pays, essayant de singer le fameux adage « qu'il faut diviser pour régner », portent à la religion, et arracher, — moi aussi, — ma pierre de la magnifique base qui, dans tous les siècles, servit de support grandiose à la société.

Par quelle aberration d'esprit sommes-nous tombés si bas, que l'accès du pouvoir, — aujourd'hui source de fortunes scandaleuses, — soit ouvert aux intelligences de tous les degrés, pourvu qu'elles fassent profession d'irréligion et d'intolérance?

C'est ce qu'il me sera sans doute permis d'examiner par la suite.

Libéral et tolérant dans toute l'acception de ces mots sublimes, je vais me contenter d'émettre mes premières impressions sur maints sujets aussi graves que délicats, à la solution desquels j'espère bien que de nombreux esprits, — et les meilleurs, — travailleront désormais avec moi.

L'idée fondamentale de mon livre fut conçue en des temps plus heureux, vers 1867 ou 1869.

Elle fut communiquée, à ce moment-là, à M. le grand rabbin du Consistoire de Paris, et à M. Jules Simon, — alors député de l'opposition, — qui y donnèrent leur approbation, le premier faisant ses réserves sur l'accueil que recevrait ce projet de ses coreligionnaires.

Mon désir était, — pour des motifs à moi particuliers, — et bien qu'il n'y ait, — à la première spéculation de l'esprit, — aucune corrélation apparente entre les deux œuvres, — de faire coïncider l'apparition de ma brochure avec la publication d'un essai, — en attendant mieux, — dans lequel j'aurais établi un parallèle entre l'homme et la plante, basé sur la parfaite similitude, — au point de vue végétatif, — de ces deux êtres, et de ses conséquences.

J'ai eu le tort de m'endormir dans une fâcheuse attente, à laquelle j'étais, du reste, condamné par des circonstances indépendantes de ma volonté.

Le mouvement antisémitique et antisocial — qui se produit en Allemagne et en Russie, — et le spectacle de l'Europe qui s'en va à la dérive, me décident à publier prématurément, — au courant de la plume, — cette brochure dont j'avais renvoyé à plus tard la rédaction finale, et qui n'est point, par conséquent, la dernière expression de mes méditations.

C. L.

LES JUIFS RESTAURÉS

ET

LA QUESTION D'ORIENT

I.

Un pouvoir extrêmement redoutable, parce qu'il participe tout à la fois de la puissance temporelle et de l'essence religieuse, ambitionne l'empire du monde.

C'est l'autocratie russe.

En étudiant cette situation, qui doit inspirer tout l'intérêt et toute l'attention des hommes sérieux, j'ai conçu l'ambitieux dessein d'éliminer une grosse question du tableau trop compliqué des difficultés qui s'opposent encore à la paix du continent.

Le moment me paraît propice pour mettre au jour mes idées et les proposer à l'examen de l'Europe.

Quel sera le sort de ma témérité ?

Ceux-là mêmes qui ont à gagner au succès de mon livre consentiront-ils à m'aplanir la route dont j'aurai eu le périlleux, — l'insigne honneur — de poser les premiers jalons ?

Il m'est impossible de répondre dès à présent à ces questions capitales.

Mais je crois fermement que la raison humaine marche d'un pas sûr vers le progrès, et que l'heure arrive enfin où les causes justes finissent par triompher.

C'est pourquoi je viens exposer ma pensée.

On ne discute plus, de nos jours, les projets de la Russie. Les énormes progrès qu'elle a faits en Europe et en Asie annoncent, de sa part, des vues profondes sur les moyens d'établir sa domination universelle.

Placée dans une admirable position pour s'agrandir, la Russie n'a point failli à tant d'avantages. Elle s'est annexé, par la conquête violente, de vastes territoires. Elle est maîtresse du nord de l'Asie et s'avance au cœur de ce magnifique continent. En Europe elle a détruit des peuples nombreux, s'autorisant du droit du plus fort pour dépouiller les vaincus.

Et malheur aux nations conquises !

La noble vertu du patriotisme n'éclairera plus leur avenir. Toujours courbées sous une oppression systématique, il leur faut ou se soumettre sans condition à l'Empire, — en abjurant tout espoir d'autonomie, — ou tenter le sort des sanglantes révoltes contre un ennemi tout-puissant.

Car c'est une chose remarquable, et bien faite pour trahir les instincts barbares du conquérant, que son animosité contre tout ce qui lui est étranger et qui serait de nature à rappeler aux peuples asservis l'histoire de leurs ancêtres. Langue, lois, religion, le Czar proscrit tout. En un mot, il *russifie.*

Rome, — arbitre du monde au temps de sa splendeur, — n'usa point de si puériles supercheries. Les peuples subjugués avaient conservé leurs mœurs, leurs coutumes, leur langue, leurs dieux indigènes, leurs lois locales. Les Romains n'imposaient à la terre domptée que leurs armes, leur code et leurs jeux. Mais les Romains portèrent le flambeau de la civilisation aux confins de l'univers, tandis que les Russes, ces serfs à peine affranchis, n'ont d'autre mobile que de généraliser leur dégradation.

Partout où a passé la domination tartare, elle a anéanti la liberté, l'esprit national et toutes les vertus chères au cœur de l'homme.

Par une terrible fatalité, au despotisme politique s'ajoute ici le despotisme religieux, plus menaçant pour l'avenir du grand principe de la liberté de conscience que les résistances mêmes de Rome.

Oh! que l'avenir garde les peuples européens d'obéir à un souverain réunissant dans ses mains le pouvoir civil et le pouvoir religieux : c'en serait fait de la liberté pour toujours!

En envisageant sous tous ses aspects la situation de l'Empire russe, et en pénétrant le secret transparent de sa politique, on demeure bientôt convaincu que la Russie est appelée à dominer l'Europe et l'Asie, si l'on ne se hâte d'assigner un terme à ses dangereux appétits.

Les peuples occidentaux surtout, pour sauvegarder leur indépendance menacée, doivent s'appliquer à conjurer le péril, lorsqu'il est encore temps d'y apporter un remède efficace.

Si nous jetons les yeux sur une carte géographique, nous voyons, à l'orient de l'Europe, un empire, naguère florissant, se débattant aujourd'hui avec angoisse sous les embarras presque inextricables que lui ont créés les intrigues russes.

J'ai nommé la Turquie.

La Russie a eu de bonne heure le pressentiment de l'importance qu'aurait, pour la réalisation de ses rêves, la possession de cet État. Aussi tout, dans son attitude perpétuellement agressive, dénote le dessein non équivoque de l'amoindrir.

Des peuplades à peu près indépendantes vivaient entre la mer qui baigne Constantinople, la Russie d'Asie et la mer Caspienne. La Russie s'est incorporé leurs territoires, s'établissant dans les fortes positions qui abondent entre les deux mers et se rendant maîtresse de leurs rivages.

La politique russe se consume de plus en plus en efforts pour faire naître, dans les provinces turques, des complications fatales au Sultan, à qui elles enlèvent chaque fois un lambeau de sa puissance.

Je ne dirai rien des causes par lesquelles on justifiait l'expédition de Crimée, ni de bien d'autres incidents, mais je constaterai que ce sont les perfides manèges de la Russie qui entretiennent parmi les populations chrétiennes sujettes du Sultan une agitation et une effervescence permanentes.

Les chrétiens d'Orient!

Voilà les dociles instruments de la Russie! Pour les amener à des prises d'armes stériles, le gouvernement russe lance ses plus habiles agents. Pour eux, la presse moscovite chante et glorifie son servage, conspuant à satiété le gouvernement ottoman. Ce n'est point contre les Druses que l'expédition de Syrie devait être dirigée, mais bien contre l'instigateur éternel des imbroglios diplomatiques en Orient, contre le souverain tartare. Dans leur naïveté, les Chrétiens d'Orient ne voient pas quel leurre les plans de la Russie leur réservent! Ces réformes qu'elle réclame pour eux, en a-t-elle doté ses propres sujets? Encore un coup, la feinte sollicitude de la Russie pour les populations chrétiennes de l'Orient n'a qu'un but, qu'un intérêt : éveiller, entretenir la haine de ces populations contre leur gouvernement légitime, fomenter des complications à la faveur desquelles elle puisse mettre à exécution ses projets de conquête; amuser l'Europe occidentale sous le fallacieux prétexte de protéger des populations qui vivraient paisiblement sans les mouvements insurrectionnels auxquels un ennemi rusé les provoque sans cesse ; enfin diminuer insensiblement la Turquie et l'amener au point que sa disparition de l'Europe ne produise pas d'abord un trop grand vide, et qu'on ne la gêne pas dans ses agrandissements, sous le motif des dangers qu'offrirait son extension exagérée.

Mais les populations chrétiennes de l'Orient seront les premières spoliées!

Et qu'adviendra-t-il, dans ces régions, de cette religion catholique, au nom de laquelle on les conduit à une perte certaine?

Si la cour de Rome n'était pas aveuglée par ses préjugés, elle comprendrait qu'elle doit employer ses inépuisables ressources à annihiler en Orient l'influence que les Russes y prennent sur d'intéressantes populations.

Il y a quelque temps, nous avons vu la Russie prêter son concours moral, son appui matériel aux insurgés crétois, non point, comme le penseraient des esprits superficiels, pour soustraire des populations à un joug abhorré et par amour de la Grèce et de la liberté, mais bien, en réalité, en haine de la Turquie.

L'annexion de la Grèce au grand empire du Nord suivrait naturellement celle de la Turquie.

C'est ici le lieu de dire en peu de mots toute ma pensée sur l'inopportunité de quelques réformes auxquelles les puissances de l'Europe en général, — et la Russie en particulier, — celle-ci et et celles-là par des calculs différents, — poussent la Turquie.

L'Empire ottoman étant considéré comme le *palladium* des puissances occidentales, je n'aurai pas de peine à démontrer qu'il est du plus haut intérêt que la Turquie subsiste avec sa religion et ses mœurs.

Sa religion !

Comme la diversité des opinions politiques — librement professées — est une marque de liberté, de même le libre exercice des cultes dissemblables témoigne de la libre conscience des peuples, et la liberté de conscience : qu'on ne l'oublie jamais, c'est la source féconde d'où découlent toutes les libertés.

Ses mœurs !

Nous ne les voyons qu'au travers d'un voile, et notre imagination, abusée par d'étranges récits, nous porte à les exagérer en bien ou en mal.

Quelle est donc la cause qui fait que la Turquie est en butte à tant de calomnies ?

Ah ! c'est peut-être parce que l'Église catholique ne peut exercer avec succès chez les Mahométans, — gardiens vigilants de la foi de leurs pères, — la propagande qu'elle poursuit victorieusement et en paix dans les régions du globe les plus reculées !

J'adjure les esprits éclairés d'admettre avec moi, comme éminemment favorable à la liberté de conscience, l'exercice sans entraves de tous les cultes religieux.

N'oublions point que chaque communion a la prétention d'être exclusivement en possession de la vérité religieuse, et respectons-les toutes au même degré.

Mais bannissons le prosélytisme, toujours odieux, car il engendre le fanatisme, et le fanatisme entraine avec lui la persécution. Contemplons d'un œil serein ce qui nous paraît erreur chez autrui, et gardons-nous, comme du plus grand des crimes, d'imposer nos croyances.

Libanius a dit : « En matière de religion, laissez tout à la persuasion, rien à la violence. »

Maxime admirable, que nous ne devons jamais perdre de vue.

La cour de Rome ne se doute pas que l'abaissement de la Turquie et son effacement assureront le triomphe des Russes, qui, maîtres de Constantinople, proclameront à la face de la terre la divinité du Czar.

Par une regrettable fatalité, il s'est rencontré en Occident des hommes qui, conduits par un faux zèle, sont devenus les complices involontaires des ambitions moscovites.

N'avons-nous pas entendu répéter, après les insultes calculées de la Russie, que l'existence en Europe de l'Empire turc est une honte pour la civilisation?

C'est une bien plus grande honte, — à mon humble sens, — pour cette civilisation, — que de telles pensées aient pu se propager à notre époque, sans être aussitôt étouffées, — dans leur germe, — sous le poids d'une réprobation unanime.

C'est en même temps un grand malheur que des hommes, pourtant recommandables par leurs talents et leurs vertus, sapent les assises de l'Empire ottoman, et revendiquent pour les populations chrétiennes de la Sublime-Porte plus de droits que n'en ont ses sujets mahométans.

Certes, je suis l'adversaire des religions d'État, et je voudrais l'égalité de tous les cultes devant la loi; mais là où ce privilège existe — imposé par la majorité, — et les majorités, — qui ne sont plus que l'expression du mépris public, — jusqu'à l'obligation du vote, — nous gouvernent, — il en faut nécessairement subir les conséquences déplorables.

Et puis, nous sommes en présence d'un Empire mahométan dont les coutumes, les lois et les mœurs valent au moins celles d'autres États européens. On ne saurait trop insister sur ce point et réformer les vieilles croyances.

Je le demande, quels cris de colère, — de généreuse indignation, — n'auraient pas proférés les plus féroces partisans de certaines réformes en Turquie, si les Turcs, — assez puissants, — avaient eu la velléité de solliciter, — avant la destruction — momentanée — du pouvoir temporel des papes, — l'introduction des Mahométans dans le gouvernement de la Rome catholique?

Ils auraient regardé avec raison cette ingérence d'un peuple dans les affaires d'un autre gouvernement comme une violation flagrante d'un droit naturel et supérieur.

Il convient, en effet, de bien distinguer le droit que se sont attribué les gouvernements, — en thèse générale, — de soutenir à l'extérieur les intérêts de leurs nationaux, d'avec la prétention exorbitante de plusieurs de vouloir contraindre un gouvernement étranger à modifier, dans l'intérêt d'un petit nombre, les bases essentielles de sa Constitution.

Pour moi, je considérerais comme absolument contraire aux véritables intérêts de l'Europe, que les publicistes auxquels je fais allusion atteignissent le but qu'ils poursuivent avec une coupable persévérance.

Car le déplacement de l'influence gouvernementale de la Sublime-Porte au profit d'un parti ambitieux et aveugle, aboutirait infailliblement au renversement de la puissance ottomane et à l'édification, sur ses ruines, d'un gouvernement imbu des doctrines surannées de Rome — ou d'une province russe.

Je signalerai, à l'appui de la première de ces deux hypothèses, les faits qui amenèrent la décomposition de la puissance romaine, de l'aveu des contemporains, bien plus considérable que celle des Turcs.

En même temps que les Barbares, introduits dans l'Empire et dans l'armée, commençaient à prendre une part plus directe et plus prépondérante au gouvernement — et à faire des empereurs, — la religion catholique, qui n'était pas étrangère à la faveur dont ils jouissaient auprès des chefs de l'État, croissait en puissance et étendait son action jusque chez les nations les plus sauvages. Ce ne fut bientôt plus une secte ignorée, mais un parti nombreux, qui menaçait l'existence de l'antique société romaine et qui l'accablait de plus en plus, à mesure que des princes orthodoxes, — ses créatures, — parvenaient à la pourpre.

L'invasion des Chrétiens suivait donc parallèlement celle des Barbares ; mais, déjà plus habile et plus savante, elle la prima, et finalement le clergé chrétien triompha dans Rome.

Me mettant en contradiction avec les auteurs qu'ont copiés les historiens, j'essaierai peut-être un jour de prouver que la nouvelle religion, — favorisée par l'affaiblissement du sentiment religieux chez les Romains, — décida la perte de Rome, et non point les autres causes auxquelles ils ont imputé ce prodigieux événement.

Notre aimable Boileau est un plagiaire.

Virgile, — qui n'était pas un athée, — s'était écrié avant lui :

Tant de fiel entre-t-il dans l'âme des « Immortels » ?

Lucien et, — à son imitation, — d'autres contempteurs des dieux, avaient paru.

Leurs écrits avaient charmé, réjoui les masses.

Quand Julien, Symmaque et tant de personnages éminents entreprirent de rendre au culte des divinités païennes sa splendeur évanouie, ils échouèrent.

J'ai dit que les machinations de la Russie entretiennent de funestes dissensions dans les provinces turques.

De ces machinations est née la question d'Orient.

Dans ma pensée, cette question d'Orient n'existe qu'autant que sa solution consiste à découvrir un moyen de relever la puissance de la Sublime-Porte, afin de l'opposer, — digue infranchissable, — aux empiétements de la Russie en Europe et en Asie.

Les hommes d'État européens ne se préoccupent pas assez de la situation redoutable de la Russie.

Pour eux, la suprême habileté consiste à maintenir le *statu quo*, c'est-à-dire à défendre la Turquie contre une attaque trop directe de la Russie, tout en laissant le champ libre à ses intrigues.

Eh bien, ce n'est pas assez!

Nous léguerions à ceux qui nous suivront un triste héritage que celui de la Russie debout et menaçante, — sans un frein pour la retenir — sur le chemin des envahissements.

Car la Russie ne s'arrêtera point qu'elle n'ait réalisé l'objet de ses convoitises, — après l'écrasement de l'odieux nihilisme.

Et admirez son habileté!

Voyant que ses menées étaient l'objet des défiances trop légitimes de l'Europe, elle s'est rejetée sur l'Asie, — déjà largement entamée, — où des efforts persévérants lui ont assuré la possession d'immenses pays, ce qui la met à même de nous menacer d'une invasion d'armées asiatiques.

Tout en s'agrandissant en Asie, elle n'a point renoncé à ses projets de conquête sur l'Europe. Les événements dont nous sommes tous les jours témoins en sont la meilleure preuve.

Le danger est même plus grand pour nous, puisque le Czar, outre les hordes de son empire d'Europe, disposera encore d'innombrables soldats en Asie.

Je sais qu'on affecte de ne pas redouter le malheur d'une invasion de l'Europe par des forces asiatiques; mais que l'on observe avec quelque attention les projets de la Russie, ses manœuvres, ses tendances, et l'on ne conservera plus de doute sur sa résolution de poursuivre, — sans reculer devant les attentats les plus violents, — ce qu'elle nomme arrogamment sa destinée.

On commettrait une grave erreur, on tomberait dans une faute lourde, si, dans l'élan d'une confiance irréfléchie et par un sentiment de *chauvinisme* exagéré, l'on basait sa confiance dans l'avenir sur ce fait que les Grecs dispersèrent autrefois une armée de deux millions d'hommes venus d'Asie pour les asservir. D'abord les soldats de Darius ne marchaient que sous le fouet; ensuite les Grecs ne les vainquirent que dans des circonstances exceptionnelles. Aujourd'hui les Tartares accourant au sac de l'Europe seraient guidés par deux maîtres implacables : le fanatisme et la discipline.

Je considérerais comme un bienfait inappréciable que les divers États de l'Europe coalisée, s'unissant, prissent résolument des mesures décisives contre l'ambition des Czars.

En l'absence d'une entente scellée par des intérêts réciproques, il appartient à chaque puissance en particulier d'agir selon ses moyens et dans l'intérêt de sa conservation personnelle pour détruire l'influence russe.

Certes, la situation vaut bien la peine qu'on l'examine. Elle est là pendante, cette question d'Orient, s'imposant à nos préoccupations depuis nombre d'années. Toujours elle est l'objet des plus grandes perplexités pour l'Europe, et, chose étrange, les hommes d'État, n'y trouvant pas de solution, mettent tout leur honneur à prolonger l'agonie d'une forte race, — elle a donné des preuves de sa vitalité, — en danger de périr, victime de la diplomatie d'une civilisation inférieure et dont la chute livrera le Monde sans défense à la discrétion d'un pouvoir à peu près absolu.

La Turquie tient naturellement le premier rang parmi les puissances européennes auxquelles incombe plus rigoureusement ce devoir.

En outre, sa position toute exceptionnelle la met en état de préserver le Monde de la domination russe.

C'est un beau rôle qu'il lui est interdit de déserter, sous peine de trahison envers le vieux Monde tout entier.

Et que l'on ne crie pas au paradoxe, que l'on ne m'objecte pas l'état actuel de la Turquie!

On a lu, plus haut, que la responsabilité des malheurs qui ont frappé cet Empire doit rejaillir en grande partie sur la Russie.

Donc, je le répète, à la Turquie revient d'abord le droit glorieux, — le devoir imposé, — d'arrêter les empiétements de la Russie.

Comment ?

En soustrayant la Perse,— aussi menacée,— à l'influence russe, et en contractant avec elle une alliance perpétuelle offensive et défensive.

La Turquie et la Perse, unies aux empires et aux royaumes d'Asie, avec lesquels elles formeront un formidable faisceau, — les républiques à la mode française n'ont pas jusqu'ici, Dieu merci ! d'assiette dans ces contrées privilégiées, — peuvent faire rentrer la Russie dans les limites d'où elle n'aurait pas dû sortir.

Par quelle voie opérer un étroit rapprochement entre la Turquie et la Perse que divisent surtout des dissentiments religieux ?

L'influence française ne suffirait pas.

Il est un autre moyen, d'une haute efficacité, dont la réalisation dépend uniquement de la Turquie, et sur lequel j'appelle la réflexion la plus soutenue des vrais hommes d'État.

II.

Dans toutes les contrées du globe, on rencontre les vestiges d'un ancien peuple célèbre par ses malheurs et par les persécutions dont il fut de tout temps abreuvé : c'est le peuple juif ou israélite.

Quel fut le berceau de cette nation extraordinaire ?

On est dans le doute à ce sujet.

Ce n'est pas que les auteurs qui ont écrit sur la matière, n'aient imaginé force versions pour démêler la vérité. Mais leurs conceptions et la diversité de leurs discours nous montrent à quel point la plupart d'entre eux étaient ignorants de l'origine des Juifs.

L'un prétend que, sortis de l'île de Crète, les Juifs occupèrent quelques terres de la Libye vers le temps où Saturne, vaincu par Jupiter, fut chassé de ses États. A l'appui de cette version, on tirait un argument de leur nom. Ida est une montagne de la Crète qu'habitaient les *Idæi*, mot dont on fit *Judæi* par l'addition barbare d'une lettre.

Un autre dit que, sous le règne d'Isis, la population de l'Égypte s'étant accrue hors de toute proportion, une migration en sortit, sous la conduite de Hiérosolymus et de Juda, et se répandit sur les terres voisines.

Une version fait des Juifs une race d'Éthiopiens qui, sous le roi Céphée, quittèrent leurs foyers.

Un auteur assure que des Assyriens manquant de terres arables ravagèrent d abord une partie de l'Égypte, et plus tard s'emparèrent des terres des Hébreux.

Il en est, enfin, qui donnent aux Juifs une origine illustre. D'après eux, les Solymes, nation mentionnée par Homère, auraient bât une ville qu'ils auraient appelée Hiérosolyma, — Jérusalem.

Il est une version, rapportée par Tacite, dans laquelle perce une grande inimitié contre la nation juive. C'est encore un système qui fait venir les Hébreux d'Égypte.

Selon cette version, une maladie contagieuse s'étant propagée en Égypte, un oracle consulté par le roi Bocchoris lui conseilla de transporter sur d'autres terres tous les hommes infectés. On en fit la recherche, et cette foule misérable s'abandonnait au désespoir, lorsque l'un des siens, Moïse, lui rendant l'espoir, se saisit du commandement et conduisit ses compagnons dans des plaines fertiles dont ils expulsèrent les nomades occupants pour y dresser leurs propres tentes.

Il n'entre point dans mon projet d'examiner quant à présent aucune de ces versions, qui sont d'ailleurs en contradiction, les unes avec la raison et les autres avec les Monuments de l'histoire juive. Mais, prenant cette histoire à l'époque où les historiens nous la montrent moins dépourvue d'incertitude et à peu près dégagée du domaine de la fable, — qu'il ne faut pas confondre avec la tradition, — j'esquisserai à grands traits quelques-uns des principaux faits qui marquèrent la dispersion des Juifs èt leur situation actuelle, sans avoir la prétention de certifier l'exactitude des relations auxquelles je me réfère et que je n'ai pas eu les moyens ni le temps de vérifier.

Je laisse de côté, sans m'y arrêter, les dramatiques annales de la Judée sur la tyrannie de Salmanazar et de Nabuchodonosor. Je passe également sous silence un acte de Cyrus qui aurait rétabli les Juifs dans la Judée (536) et construit le second Temple, et j'en viens à la réédification de Jérusalem et de ses murailles sous Artaxerce, — Assuérus, — selon d'autres, Darius Ier.

Le Temple n'avait été achevé qu'après plusieurs interruptions engendrées par l'inimitié des Samaritains.

Alexandre, poursuivant le cours de ses victoires, sollicite l'amitié des Juifs, qui n'accueillent pas favorablement ses avances à cause de la reconnaissance qu'ils avaient pour les Perses.

Il les soumet à sa domination (332).

Après la mort d'Alexandre, les Juifs obéissent successivement à Ptolémée, roi d'Égypte (320), à Séleucus Nicator, roi de Syrie (300-279).

Ils sont livrés aux rois d'Égypte (279-203), pour rentrer sous le joug des Séleucides (203-169).

Des troubles éclatent, fomentés par la famille des Macchabées, à la suite desquels les Juifs deviennent indépendants (169).

Les Macchabées gouvernent d'abord avec le titre de grands pontifes, puis avec le titre de rois (166-40).

Démétrius Soter fait la guerre aux Juifs avec des succès variés.

Il eut à combattre Judas et Jonathas Macchabée.

Sous son règne, les Romains, en haine des rois de Syrie, accordèrent leur protection aux Juifs.

Démétrius Soter perd bientôt la vie par les efforts de l'usurpateur Alexandre Bala, que soutenait le roi d'Égypte Ptolémée Philométor (149).

Antiochus Sidétès réunit des forces contre la Judée, qu'il réduit

Jean Hircan ou Hyrcan I, souverain pontife des Juifs (136-107), fils et successeur de Simon Macchabée, le combat, soumet les Iduméens et s'empare de Samarie.

Antiochus Sidétès avait été battu par Démétrius Nicator (130).

On connait le procès célèbre que les Juifs et les Samaritains avaient plaidé devant Ptolémée Philométor, à Alexandrie.

Les Samaritains, pour être agréables à Antiochus l'Illustre, qui persécutait les Juifs, avaient consacré leur temple de Garizim à Jupiter hospitalier.

Ils soutinrent bientôt que ce temple devait l'emporter sur celu de Jérusalem (150).

La cause fut portée devant Ptolémée Philométor et jugée à la confusion des Samaritains.

C'est Hyrcan qui, après avoir pris Sichem, renversa de fond en comble le temple de Garizim, deux cents ans après sa fondation par Sanaballat.

Ce temple avait été consacré par Manassès, frère de Jaddus, souverain pontife, qui, pour ne pas répudier, bien que le Conseil de Jérusalem et son frère Jaddus lui en fissent sentir l'obligation, une femme étrangère qu'il aimait, excita des troubles parmi les Juifs, et embrassa le schisme des Samaritains, auxquels il suggéra l'idée, — les renégats se ressemblèrent dans tous les temps, — de dévouer près de Samarie, sur la montagne de Garizim que les Samaritains croyaient bénite, un temple — dont il serait le pontife.

Il est à remarquer que cette dispersion des Juifs, qu'on a transformée en un châtiment céleste, était commencée ou du moins avait reçu un commencement d'exécution longtemps avant le mémorable événement qui, dit-on, attira de si grands malheurs sur Jérusalem. De plus, les diverses guerres qui finissent par dompter les Juifs, — et leurs effets, — eurent une cause essentiellement humaine, comme on ne tardera pas à le reconnaître.

A l'égard de la dispersion des Juifs, il me suffira de rappeler que, sous le règne d'un Antiochus, les Juifs se répandirent dans l'Asie Mineure. Déjà ils remplissaient, ou ils remplirent peu après, l'Égypte, la Médie, l'île de Crète, l'Élymaïde et la Cyrénaïque.

Sous le règne de Caligula, les Juifs, persécutés à Alexandrie, députèrent Philon à ce prince.

Ils s'établirent même à Rome et dans le reste de l'Italie. Presque partout ils jouissaient des mêmes droits et de la même liberté que les citoyens au milieu desquels ils vivaient.

Les historiens s'étendent assez sur ces migrations, dont les Juifs étaient coutumiers, pour que nous ajoutions foi à leurs affirmations. Au besoin, nous trouvons des preuves de leur véracité dans les écrits d'auteurs d'opinions diverses.

En ce qui concerne la prise de Jérusalem par les Romains et la défense que ceux-ci adressèrent aux Juifs d'y rentrer jamais, ceux qui savent l'histoire connaissent les maux, souvent injustes, que les Romains infligèrent aux peuples qui leur inspiraient des craintes. Il n'est pas entré dans l'esprit d'un homme positif de voir dans cette destruction d'une ville, — conséquence malheureusement trop fréquente des guerres de l'antiquité, — autre chose qu'un exécrable abus de la force.

En 65, les Romains profitent des querelles survenues dans la famille royale pour imposer leur intervention.

Pompée surprend Jérusalem l'an de Rome 691 (an 63 avant J.-C.). Les murs de la ville furent rasés, mais le Temple resta debout. Bientôt après, les Parthes, sous la conduite de leur roi Pacorus, pillèrent la Judée. Chassés par C. Sosius, les Parthes se retirèrent de la Judée, qui demeura aux Romains.

Antoine donne la Judée à Hérode, qui parachève la conquête de son royaume et prend Jérusalem, — sa capitale, — d'assaut (37 ans avant J.-C.).

Hyrcan II, souverain pontife et roi des Juifs (de 79 à 40 avant J.-C.), fils d'Alexandre Jannée, qui avait été été détrôné par son frère Aristobule, puis rétabli par les Romains, dépouillé de nouveau par Antigone, fils d'Aristobule, est mis à mort par Hérode (l'an 30 avant J.-C.).

Après la mort d'Hérode, un certain Simon usurpe le pouvoir royal.

Quintilius Varus, gouverneur de la Syrie, le détrône et partage la Judée entre les trois fils d'Hérode. C'est ce même Varus dont la conduite en Germanie devait donner lieu à un des plus honteux désastres que les Romains eussent encore essuyés.

Sous Auguste, Varus fut chargé d'administrer le pays d'outre-Rhin, que les aigles romaines avaient nouvellement assujetti à l'Empire. Arrivé en Germanie, au lieu de traiter les vaincus avec douceur, il les soumit à des impôts excessifs et voulut substituer violemment le code romain aux lois et aux coutumes locales.

Un Germain, — Arminius, — dont le nom, — par opposition à celui de Ségeste, — est devenu synonyme de noble patriotisme, — suscita une révolte. Les légions romaines furent massacrées. Varus se tua pour ne pas survivre à cette catastrophe.

Six ans après, Germanicus rendit les derniers devoirs aux chefs et aux soldats.

Il avait retrouvé, — dans le voisinage de la ville de Horn, en Westphalie, — les vestiges du camp de Varus.

Des têtes humaines encore suspendues au tronc des arbres, les autels barbares où avaient été immolés les tribuns et les centurions, tout indiquait, avec les récits des témoins de ce carnage, la place d'une surprise néfaste.

On éleva à tous ces morts un tombeau dont Germanicus po.a le premier gazon, pour honorer ceux qui n'étaient plus et s'associer à la douleur des vivants, ce qui ne fut point approuvé par Tibère.

Sous le règne d'Auguste, — d'autres disent de Claude, — la Judée est réduite en province romaine.

Elle fut tranquille sous Tibère, dont le règne se place entre celui d'Auguste et celui de Caligula, prédécesseur immédiat de Claude.

Les Juifs auraient pu vivre en paix ; mais, dans Jérusalem même, éclataient sans cesse des dissensions et des troubles causés par le fanatisme religieux.

Les Romains résolurent d'en finir.

Déjà, sous Caius — Caligula, — les Juifs, ayant reçu l'ordre de placer l'image du prince dans le Temple, avaient mieux aimé se soulever.

La mort de Caius mit fin à leur révolte.

Enfin, la guerre est déclarée entre les Romains et les Juifs.

Les divisions qui affaiblissaient les Juifs n'étaient point inconnues des Romains.

Ceux-ci voyaient avec colère que les drapeaux des légions, les images des Césars et tout ce qu'ils regardaient comme sacré, était l'objet de la haine et de la dérision des Juifs. Néron charge Vespasien de les dompter.

Grâce à son habileté et à ses talents militaires, Vespasien fut bientôt maître de toute la Judée. Il ne lui restait plus que Jérusalem à réduire quand il fut proclamé empereur.

L'an de Rome 823 (de J.-C. 70), Titus, son fils, le remplace dans le commandement de la guerre. Il avait sous ses ordres, avec les troupes romaines, plusieurs alliés, au nombre desquels un fort contingent d'Arabes animés contre les Juifs d'une haine vigoureuse.

Titus investit Jérusalem.

On sait le reste.

Bien que l'approche des Romains eût rétabli la concorde entre les chefs qui s'étaient jusqu'ici disputé le pouvoir, Jérusalem fut impuissante contre tant d'ennemis acharnés à sa perte.

La ville est emportée d'assaut (l'an 70 de J.-C., 8 septembre) et incendiée avec le Temple. Titus fit abattre ce qui restait de la ville et du Temple, en sorte qu'il ne resta que des ruines informes. Un million de Juifs périrent durant le siège ; plus de quatre-vingt mille furent vendus comme esclaves. Le butin fut immense, et les Romains se rassasièrent de richesses. Jean et Simon, chefs des assiégés, ornèrent à Rome le triomphe de Titus.

Une partie des Juifs va s'établir dans les contrées où existaient déjà des colonies juives ; d'autres demeurent en Judée, où ils ne sont point inquiétés. Quelques-uns même se bâtissent des retraites dans l'enceinte désolée de Jérusalem.

Peu de temps après, les Romains élèvent un temple à Jupiter dans Jérusalem.

Le fanatisme des Juifs se réveille, et, sous la conduite d'un imposteur, ils lèvent l'étendard de la révolte. La répression fut impitoyable. On compte sixcent mille Juifs exterminés ; un plus grand nombre fut vendu et transporté ailleurs. Adrien rebâtit Jérusalem sous le nom d'Ælia Capitolina.

Ces événements se passent vers l'an 136 de Jésus-Christ.

Des années s'écoulent. Julien parvient au trône. Ce prince, touché d'une noble infortune, prend la détermination de rebâtir Jérusalem et de la restituer aux Juifs.

Vers le temps où les ouvriers travaillaient à la restauration du Temple, un tremblement de terre survint qui dévasta Nicée et Nicomédie. Constantinople, que menaça le cataclysme, souffrit moins ; mais le phénomène se fit sentir avec une plus grande intensité à Jérusalem. Toutes les circonstances maintenant connues pour accompagner souvent un tremblement de terre coïncidèrent à l'effroi des populations terrifiées. Des crevasses s'ouvrirent dans le sol, et des feux venant de l'intérieur apparurent à la surface de la terre.

En ces temps d'ignorance, ce phénomène fut mis sur le compte de la vengeance divine.

Julien, occupé d'autres soins, — il préparait contre les Perses l'expédition qui devait lui coûter la vie, — abandonna l'entreprise.

Depuis, les Juifs ont éprouvé les plus terribles persécutions. Mais ne croyez point qu'ils aient dû à une influence surnaturelle d'être si longtemps dépossédés du territoire où vécurent leurs pères. Les causes de cette longue série de malheurs qui les ont maintenus éloignés de la Judée sont leur faiblesse numérique, leur indifférence et l'intolérance religieuse.

En résumé, que de luttes soutenues, que de sang versé pour un système religieux, comme il ressort de cet aperçu historique qui, tout rapide, tout succinct, et tout incomplet qu'il soit, n'en atteste pas moins la bravoure, la valeur, le courage, la force de cohésion, l'invincible attachement à leur Loi religieuse, le fougueux amour d'indépendance, l'indomptable esprit de nationalité de ces Juifs dont l'histoire nous a transmis les exemples d'héroïsme.

Voilà donc un peuple sans patrie, dont les membres épars, malgré d'épouvantables épreuves, ne se sont pas confondus, — par un miracle de patriotisme, — et contrairement aux prévisions du vainqueur, — avec les peuples parmi lesquels ils ont été disséminés.

De ce peuple et de l'Empire turc dépendent la liberté et le salut du Monde.

La race juive, mise en possession de Jérusalem, est l'élément le plus propre à créer une forte, une compacte alliance entre l'Europe et l'Asie contre les envahissements de la Russie. Par son intermédiaire, la Turquie et la Perse peuvent se rapprocher, constituant le noyau d'une sorte de confédération qui unirait, pour leur protection commune, tous les États asiatiques.

Une telle conception, pour s'exécuter, n'exige point de grands efforts, ni d'interminables négociations.

Que la Turquie, dont les finances sont obérées, cède aux Juifs la ville de Jérusalem et une étendue de territoire déterminée : cette cession, moyennant une juste indemnité, servira de base à un traité solennel entre les deux peuples.

En améliorant ses finances, la Turquie aura fait un acte pour lequel le Monde lui devra une reconnaissance éternelle.

En adhérant à cette combinaison, elle portera un coup terrible à son plus cruel ennemi, tout en s'acheminant vers des horizons plus sereins.

Quoi qu'on puisse dire, l'union de la Turquie et de la Perse, devenant l'origine d'une Confédération ultérieure des États de l'Asie, est la meilleure barrière à opposer aux empiétements des Russes.

Et cette alliance préliminaire de la Turquie et de la Perse ne peut se conclure avec quelque solidité que par l'entremise des Juifs rétablis dans Jérusalem.

La Turquie portera au comble sa gloire en favorisant cette ligue des puissances asiatiques. Elle acquerra ainsi des droits incontestables à l'admiration des hommes.

Elle peut, sans un secours étranger et avec ses seules ressources, réparer une injustice flagrante et assurer l'indépendance et le repos du Monde.

Est-ce à dire que la combinaison projetée s'opérera sans difficulté?

En ce qui concerne la formation d'une Confédération des États d'Asie, il faut s'attendre aux clameurs de la presse russe et aux dédains des hommes se disant politiques. On comprend que les uns et les autres, — amis zélés, — et pour cause, — du *statu quo*, — ne pardonneront pas à un homme, — jusqu'alors ignoré, — d'avoir eu l'audace de soulever de si hautes questions.

Afin d'épuiser, autant qu'il est en mon pouvoir, — et dans les limites qui me sont tracées, — le chapitre des objections qu'on ne manquera pas de formuler contre mes idées, je dois en mentionner une qui n'avait fait qu'effleurer mon esprit, et à laquelle je ne m'étais pas arrêté davantage, jusqu'au jour où elle m'a été opposée.

Ainsi qu'on l'a vu dans mes prolégomènes, un homme d'une très grande autorité, — M. le grand rabbin du Consistoire de Paris, en 1869, — consulté par moi, a avancé la crainte que les Juifs, n'ayant plus ni la foi forte ni les convictions ardentes de leurs pères, habitués, en outre, aux mœurs des peuples chez lesquels ils ont pour ainsi dire conquis droit de cité, n'auront peut-être pas pour une restauration les sympathies que je leur suppose.

Hé quoi! un pouvoir monstrueux plane sur le Monde, qu'il enveloppe en un réseau nuisible!

Ce pouvoir, inexorable à tous, menace notre indépendance!

Et les Juifs refuseraient de se joindre à nous contre l'ennemi commun!

Où retrouveront-ils cette occasion providentielle de renouer pacifiquement la chaîne trop longtemps interrompue de leur histoire?

Le cadre restreint de ce livre m'empêche de discuter, comme je le voudrais, cette objection, que je me plais à ne pas croire fondée. Je me bornerai aujourd'hui à convier les Juifs au spectacle de la position superbe que le percement de l'isthme de Suez promet à cette partie de la Turquie d'Asie, où je souhaiterais de les voir florissants.

Ce qui m'inquiète le plus, c'est que, par une inconcevable — mais inconsciente duplicité, — quelques organes de la presse européenne partagent, à l'égard de la Sublime-Porte, l'hostilité de la Russie.

Toujours à cause du bruit qui s'est fait autour des institutions turques, qu'on représente comme entachées de tant de défectuosités, qu'elles sont un outrage à la civilisation moderne.

Comme si la Turquie n'était pas disposée à accueillir avec empressement chaque étincelle jaillissant de ce foyer lumineux qu'on appelle le progrès, dont les rayons incandescents doivent un jour vivifier le monde !

Que le Sultan, délivré du cauchemar moscovite, gouverne désormais des peuples amis d'eux-mêmes, et le Monde émerveillé verra ce que peut l'esprit de l'Europe uni au magnifique génie des fils de Mahomet.

Et encore aujourd'hui que la Russie, — enivrée par ses succès, — sème à son gré les périls sous les pas du gouvernement ottoman, celui-ci ne s'efforce-t-il pas de concilier les intérêts rivaux, qu'il lui incombe la dure nécessité de pacifier dans l'intérêt de l'État ?

Que sera-ce lorsque, s'élevant au-dessus des agissements malveillants d'un voisin jaloux, la Turquie, où vit encore le noble esprit des Orientaux, appellera l'Asie à la défense de l'Europe ?

Oh ! que sa situation est une bonne fortune pour nous qui aurions à repousser la force brutale, — et à terrasser l'esprit prétorien !

Dans le cas spécial qui a motivé mon initiative, l'avenir du Monde est en jeu avec l'indépendance de la pensée humaine.

Un peuple trop longtemps opprimé se présente qui, pourvu d'un coin de terre où il puisse vivre en paix, parviendra bientôt à de brillants destins.

Que la Turquie comprenne son rôle, et elle deviendra le pivot de l'équilibre européen et de l'équilibre asiatique, tout en refoulant les Russes dans leurs anciennes frontières ou les contenant dans leurs possessions actuelles.

III.

Je suis en proie aux plus douloureuses réflexions, à l'idée que la France, — déchue entre les nations, — se trouvera peut-être dans l'impossibilité de prêter sa généreuse coopération à la fondation du nouvel ordre de choses en Asie.

C'est que le régime que nous endurons, et que nous devons à la détestable ambition d'un estimable historien, n'est pas propre, — avec son organisation fantaisiste, — aux nobles et patriotiques entreprises.

La République n'est point née en France d'un mouvement national.

Elle fut l'œuvre, — comme nos revers, — d'une poignée d'envieux sans éducation politique, parmi lesquels plusieurs étrangers, — nous sommes par trop débonnaires, — qui avaient fait du sol français une sorte d'hôtellerie à leur usage, dans laquelle ils s'étaient accoutumés à donner un libre essor à leurs mauvais instincts.

M. Thiers se fit leur complice.

Je vais dire pourquoi.

Dans son insupportable infatuation de lui-même, il voulait être chef d'État.

Or, durant sa longue carrière — d'homme politique, — M. Thiers avait trop acquis la connaissance des cours de l'Europe pour ne pas prévoir quel rire inextinguible, — pour parler comme Homère, — soulèverait dans ces cours son avènement, — même par la grâce du suffrage universel, — à la couronne d'empereur ou de roi de France.

M. Thiers, au contraire, ne devait pas être déplacé à la tête d'une République.

Et la République fut !

Du patriotisme de cet homme je ne vois de trace nulle part.

La République !

En France, c'est une épouvante !

Un abîme ouvert sous nos pas !

Halte-là! messieurs de Paris!

Trop longtemps vous avez régenté la province, — la France, — qui ne vous garde pas rancune, tant elle vous sait mesquins et petits.

Trop longtemps vous lui avez imposé vos excentricités, vos lubies, vos extravagances, vos songes creux, vos turpitudes, vos gouvernements.

Souvenez-vous du 4 Septembre.

Ainsi ne faisait pas la vieille France!

Philippe VI après Crécy, Jean le Bon après Poitiers, François Ier après Pavie, ne furent pas chassés.

Leurs femmes n'auraient pas été insultées.

L'opposition était pourtant née.

Une rue de Paris a été récemment salie du nom d'Étienne Marcel, ce partisan convaincu des Anglais, qui détenaient son roi prisonnier, digne précurseur de nos hommes du jour, tué en flagrant délit de trahison à la porte Saint-Antoine, qu'il ouvrait à l'ennemi, par un bourgeois de Paris, — Jean Maillard, — en 1358.

Que les Autrichiens se voilent la face! — pour ne pas chercher autre part ou remonter plus haut.

Après Solferino ou Sadowa, ils pouvaient goûter le bonheur parfait.

L'idée d'honneur et de patrie a été plus forte.

Qu'ils soient glorifiés!

Grâce à eux, le Monde n'a pas subi deux fois la même honte en ce siècle.

Le tour de la province viendra, — elle est intelligente et patriotique, — d'exprimer de saines volontés, de disposer du pouvoir.

Nous ne nous en trouverons pas plus mal.

Peu importe — aux ruraux — que Paris soit, — comme il vous plait de le répéter pour vous le persuader à vous-mêmes, — la capitale du Monde, que Paris renferme dans son sein plus de richesses, plus d'illustrations, plus de merveilles que le reste de la France.

Noblesse oblige.

Vous avez menti à vos devoirs!

Vos actes sont là pour l'affirmer.

Que la lumière soit !

Et Paris, — chef-lieu du département de la Seine, — n'aura pas plus d'importance que n'importe quel autre chef-lieu de notre beau pays de France.

C'est notre objectif.

Une République n'a pas de capitale !

Il faut que le Corps législatif, — *radicalement transformé*, — non rétribué, — retour aux grands, aux vrais principes, — devienne ambulant.

Je renonce à appliquer aucune qualification à ce Corps, jadis symbole de l'honneur national.

Quant au Sénat, il n'a plus d'objet, depuis qu'il ne sert plus qu'à enregistrer docilement les volontés de la Chambre basse et à fournir de sinécures grassement rétribuées, les plus habiles, — les *faiseurs* — de la mascarade républicaine.

Et les ministères ?

Nantes attend celui de l'intérieur ;

Marseille, celui du commerce ;

Lyon, celui de l'instruction publique et des cultes ;

Bourges, celui de la guerre ;

Brest, celui de la marine ;

Lille, celui de l'agriculture ;

Bordeaux, celui des finances ;

Toulouse, celui de la justice.

Paris aura les beaux-arts avec les affaires étrangères.

Et il nommera ses maires — chef-lieu du département de la Seine.

Rien ne justifie l'exception dont le gouvernement, — par flatterie, — voudrait le faire bénéficier.

Il est bien entendu que la Chambre basse tiendra alternativement ses assises dans chaque ville pourvue d'un Ministère, et que, durant les sessions, le chef de l'État et ses ministres résideront, — sans indemnité de déplacement, — près du corps délibérant.

Dans l'intervalle des sessions, le siège du gouvernement sera de droit au lieu désigné pour la plus prochaine réunion de la Chambre unique.

Mais que cette République ne soit donc plus oppressive et tyran nique, qu'elle renonce à ce sentiment de jalousie, de rancune, de vengeance, qui l'a poussée à frapper systématiquement d'un odieux ostracisme,— sans souci de notre dignité,— ses adversaires les plus honnêtes, les plus loyaux, pour combler de faveurs malsaines de pseudo-convertis, — offrant ainsi une prime à l'indignité, — et on l'acceptera, — après une magistrale épuration, — au lieu de la subir comme une flétrissure pour le pays.

Combien d'hommes,— et des plus considérables,—dans le grand parti conservateur, mus par un vrai patriotisme, ceux-là, — qui souhaitent l'apaisement et la concorde!

Ils le savent bien.

Quelle est celle des trois fractions du parti conservateur qui, prise isolément, peut se vanter de triompher?

Est-ce le parti impérialiste?

Le prince assassiné a emporté dans la tombe toutes les espérances.

Des générations se succéderont avant que l'Empire renaisse.

Est-ce le parti légitimiste?

Les partisans de M. le comte de Chambord se chiffrent par centaines.

Est-ce le parti orléaniste?

On n'oubliera pas de sitôt, — qu'il en soit bien averti! — son abdication devant la branche aînée.

La République avait beau jeu.

Que ne l'a-t-elle compris?

Que n'a-t-elle pris pour devise : honnêteté, sagesse, modération, justice, libéralisme, tolérance, respect de toutes les convictions honnêtes, politiques et religieuses — et des droits de l'homme, — désintéressement, économie des deniers publics?

La première République ne tuait que les corps, ne volait que les fortunes privées. La nôtre,— celle de M. Thiers, — veut atrophier nos intelligences, s'approprier la fortune publique.

Il y a progrès.

Nous avons déjà, — comme *truc* de gouvernement, — les grands travaux Freycinet.

Contribuables, ne riez pas!

C'est l'exploitation de ceux qui possèdent et qui travaillent au profit des jouisseurs, et de leur clientèle électorale.

Et quels pots-de-vin en perspective !

On fait ce qu'on peut.

Impossible de changer tous les jours les boutons de guêtre de nos soldats.

Autrement. . . . . !

Il n'en reste pas moins pour des centaines de millions d'emprunts, de travaux, de fournitures à adjuger chaque année, — à nos dépens.

Cela vaut bien la peine qu'ils *enjôlent* toute une classe de la population, — celle qui leur a fait des rentes, — au détriment d'une majorité qui travaille aussi, — mais au bien-être et à la gloire de la France, — et pour laquelle il n'y a point de castes.

Et vive la République !

Dieu sait pourtant qu'il existe de nombreuses causes d'éloignement pour ce gouvernement — tel qu'on l'entend et qu'on le pratique chez nous, — parmi lesquelles je ne citerai, en passant, que le *cosmopolitisme*, destructeur de tout sentiment national, dont s'affublent les pires ennemis de la République, et le *collectivisme*, fléau non moins redoutable, né de l'impuissance et de la petitesse d'esprits mal équilibrés dont les résultats immédiats seront de rendre tributaires, — que n'ose-t-on pas pour nous y habituer ? — l'activité, l'initiative, le travail individuel, l'économie, le savoir, de la paresse, de l'oisiveté, du désordre, du fonctionnarisme, de l'ignorance, de l'envie et des plus mauvaises passions.

Le *cosmopolitisme*, — que préconisent les sommités du parti socialiste, dans leur intérêt purement personnel, — est inconciliable avec l'idée de patrie.

Voilà pourquoi nous devons le haïr.

Il avachit les caractères, anéantit le patriotisme.

Il n'a même pas pour excuse de rendre la guerre moins fréquente et, — nous le voyons bien, — les tripotages financiers plus discrets.

Alors, on ne fait plus la guerre avec gloire.

Voilà tout !

Pour qui, pour quoi se battrait-on ?

Il faut aux sentiments de l'âme, soit pour les œuvres de la paix, soit pour les œuvres de la guerre, une personnification.

Les plus nobles actions, les plus sublimes dévouements ont été inspirés par deux des trois forces motrices qui, — d'après moi, — régissent le Monde : la Religion, que Dieu personnifie, — et l'amour de la Patrie, que personnifie un drapeau, — un homme, — chef d'État, — par une admirable fiction, le plus digne de tous.

Qu'importe l'idée de patrie à ces frelons paresseux et rusés, — état-major du socialisme ne risquant jamais ses précieuses peaux dans aucune bataille de campagne ou de rue.

Ils vivent bien, — ces exploiteurs de la bêtise humaine, — avec ou sans position officielle, — suivant les cas, — du budget colossal que leur creent des myriades de cotisations minuscules savamment prélevées — de gré ou de force — sur l'épargne, — pourtant sacrée, — de leur dupe éternelle : le travailleur abusé.

Le gouvernement actuel, désireux sans doute de passer à la postérité avec le glorieux surnom — d'État providence, — a fait le premier pas dans cette voie fangeuse qui a nom le *collectivisme*, en désorganisant l'instruction primaire — *bombardée* laïque et obligatoire, — mesure injuste et vexatoire au premier chef, comme toutes les mesures émanant d'une république française, dont la définition fut, dans tous les temps vicieuse, et les actes toujours marqués au coin de la sottise, — mais non de l'abnégation de soi-même.

Vous verrez que nos gouvernants, après avoir pourvu aux besoins de l'esprit, voudront assurer aussi les besoins du corps.

Ce sera le triomphe du *collectivisme*, mais l'effroyable effondrement — à bref délai — de la Société, qui compte au nombre de ses plus utiles soutiens le goût de l'épargne privée, développé, — chez les nations vraiment dignes de ce nom, — de bas en haut de l'échelle sociale.

Ah! monsieur le prince de Bismarck, si vous n'êtes pas le grand maître du parti socialiste, — dont un de mes homonymes fut le principal fondateur en Allemagne, — si vous ne trahissez pas votre souverain et le monde civilisé, vous êtes un pauvre homme d'État d'avoir choisi, pour renverser un gouvernement héréditaire, l'heure précisément où tant de trônes chancellent en Europe!

Je crains donc qu'il ne soit bien difficile à la France d'attacher seule son nom à la restauration des Juifs.

L'Angleterre est-elle mieux en mesure d'apporter aux Juifs son concours précieux?

Il est temps pour elle de faire œuvre de conservation sociale et d'ajouter, — pendant qu'elle en a le loisir, — une page magnifique à son histoire.

C'est le pays, — après le nôtre, — j'excepte la philosophique Allemagne et la sanguinaire Russie, — où de funestes symptômes de décomposition se manifestent avec le plus d'énergie, — avec un but apparent, — avoué.

Le moment n'est pas éloigné où l'Angleterre cessera d'être à l'état de monarchie, pour descendre — ou monter, — suivant ses destinées, — à celui de république.

Un pays si fier, si florissant, si fort qu'il soit, — quand il n'est pas miné par des ennemis intestins, — n'exagère pas, — sans risque,— et sans avoir pourvu à la grave éventualité d'une révolution — jusqu'au ridicule, — son droit sacré d'asile, — ne se fait pas impunément le honteux réceptacle de tout ce que le Monde contient de déclassés et d'envieux.

La joyeuse Angleterre n'a pas à nous envier nos — hommes d'opposition.

Elle a les siens.

Leurs manœuvres, — qu'ils croient ténébreuses, — brillent d'un éclat sinistre.

En prenant en main la cause des Juifs, l'Angleterre mettra le sceau à sa gloire et se délivrera du même coup d'un formidable ennemi. Qui ne sait que l'Angleterre et la Russie sont fatalement condamnées par la force des choses à se rencontrer en Asie sur un terrain hostile ?

Par la fédération de l'Asie, l'Angleterre maintiendra la Russie, à laquelle des princes ligués pour leur défense mutuelle barreraient désormais le passage.

J'invite ceux des hommes politiques gouvernant l'Angleterre, — qui mettent la grandeur de leur pays au-dessus de leur ambition et de leur avidité, — à prendre ces idées en sérieuse considération.

IV.

Tel est le plan qu'a fait éclore dans mon esprit mon amour de la civilisation, de la justice, de la liberté et de la tolérance, vertus qui ont entre elles de nombreuses affinités, mais qui diffèrent cependant sur certains points.

Je souhaite que les Juifs touchent au terme de leurs maux et que le moment soit proche où, réunis sous leurs lois particulières, ils possèdent Jérusalem, et vivent enfin de la vie d'un grand peuple.

Mes espérances reposent autant sur le droit, qui ne prescrit jamais, que sur l'intérêt majeur qu'a l'Europe à la restauration du peuple juif.

J'invoque la tolérance des hommes et leur justice pour que ma voix ne se soit pas élevée en vain.

Que le Sultan, les Juifs et leurs amis, se recueillant en leurs forces, décrètent, — pour la plus grande glorification de l'immortel principe de la tolérance religieuse, — et pour le bien général, — le rétablissement d'un État juif qu'ils feront prospère.

Je veux bien avouer qu'une légende fameuse disparaîtra, emportée par la marche irrésistible des passions modernes.

C'est la loi !

Ainsi sont tombées une à une les pièces de la vieille armure dont le passé s'enveloppait, maudissant en lui-même les principes nouveaux, pendant que le progrès, qui représente l'avenir, déroulait ses pages sublimes.

O vous tous, que dirige en cette grave matière une foi respectable, mais aveugle, ne vous laissez point aller au découragement parce que ces lignes froisseront vos sentiments intimes. Faites plutôt un généreux effort, et joignez vos voix puissantes à la voix plus modeste qui demande justice pour un peuple digne de sollicitude et protection pour l'Europe. L'histoire cite avec éloge les hommes qui, sacrifiant des intérêts personnels au bonheur de l'humanité, accomplirent de nobles destinées. Les siècles reconnaissants vous célébreront de même si vous me suivez franchement et résolument dans la voie facile que je vous trace.

Et, pour justifier à vos propres yeux cette honorable capitulation de vos consciences alarmées, souvenez-vous que les prophètes les plus autorisés, avec leur admirable connaissance des hommes et des choses, n'ont point considéré comme impossible la reconstruction d'un État juif. Il n'est pas jusqu'à Bossuet, — un homme de notre temps, — je n'ai pas dit prophète, — qui n'ait accepté cette hypothèse.

Assurément, ni les uns ni les autres n'ont annoncé d'une manière formelle le retour des Juifs dans la Judée et la reconstitution de leur antique royaume; mais il est aisé de voir par leurs écrits, et sans être versé dans la théologie, que le champ reste ouvert, sur ce point, dans le sens que j'indique, aux interprétations.

J'ai la conviction que le temps et la civilisation, ces deux grands pacificateurs des haines les plus vives, menacent d'une heureuse défaite certains principes en vertu desquels quelques fanatiques s'arrogeraient le droit de mettre les Juifs au ban des hommes aveuglément religieux.

Un principe plus noble est né, auquel les peuples sacrifient, sachant bien qu'ils y puiseront un jour l'indépendance.

Que les Juifs se lèvent donc en masse au souffle de tolérance qu'ils sentent passer sur le Monde, et qu'ils revendiquent hautement et noblement leur nationalité.

Moi-même je ne déserterai pas cette glorieuse tâche, où se complait mon orgueil, et tous mes travaux seront consacrés désormais à cette noble fin.

Paris, imprimerie TOLMER et Cie. — Succursale à Poitiers. — 3644.

www.ingramcontent.com/pod-product-compliance
Ingram Content Group UK Ltd.
Pitfield, Milton Keynes, MK11 3LW, UK
UKHW012119240726
13965UKWH00005B/1853